The I AM! Affirmation Book

Discovering the Value of Who You Are

by Steve Viglione

Illustrated by Becky Parish
Graphic Design by Terri Wright

English-Spanish Edition

© 2007 Steve Viglione, All rights reserved

Published by The I AM Foundation
www.iamfoundation.org

I Am!

And I am made from Love,
Which also made the rainbow,
The flower, the sea, the dove.

Yo Soy!
Y estoy hecho de amor,
El cual también hizo el arco iris,
La flor, el mar, la paloma.

I Am!

And with everything I am One,
The plants, the trees, the animals,
The stars, the moon, the sun.

Yo Soy!

Y con todo yo soy uno,
las plantas, los árboles, los animales,
las estrellas, la luna y el sol.

I Am Priceless!

There's nothing worth more than me,
Whether it's the whole world,
Or the smallest thing you can see.

Yo Soy Invaluable!

Y no hay nada con más valor que yo,
Así sea el mundo entero,
O la cosa más pequeña que se pueda ver.

I Am Infinite!

Inside me there is a treasure,
Of gifts I can give to everyone,
Too countless to even measure.

Yo Soy Infinito!

Dentro de mí hay un tesoro,
De regalos que les puedo dar a cada uno,
Demasiados para poder contar.

I Am Worthy!

So there is nothing here on earth,
That can keep me from my Good,
Or take away my worth.

Yo Soy Valioso!

No hay nada en este mundo,
Que me separe de lo Mío
O me quite el valor.

I Am Joy!

And everywhere I go,
People have to stop,
To appreciate my glow.

Yo Soy Alegría!
Y a dondequiera que voy,
La gente se detiene
Para apreciar mi gozo.

I Am Proud!

And so I stand up tall.
I give a smile to everyone,
As I greet them all.

Yo Soy Orgulloso!

Y me paro derecho
Y le sonrío a todo el mundo
Al saludarlos a todos.

I Am Strong!

And I know how unique I am.
I have what it takes,
To be the Me I am.

Yo Soy Fuerte!

Y sé que tan especial soy,
Tengo lo que se necesita
Para ser quien Soy Yo.

I Am Somebody!

Yes, Somebody I Am!
And I can see a dream in me,
It's part of that great Plan.

Yo Soy Alguien!

Sí, Alguien Soy!
Y puedo ver un sueño en mí,
Es parte de un gran Plan.

I Am Confidence!

**Regardless of what others say or do,
I simply believe in myself,
And the Dream I've set my mind to.**

Yo Soy Confianza!

**A pesar de lo que otros digan o hagan,
Simplemente creo en mí mismo,
Y en el sueño que he decidido.**

I Am Excellence!
And if it's a mistake I think I've made,
I can learn a lot from it,
To help the Plan I've laid.

Yo Soy Excelencia!
Y si un error creo haber hecho,
Aprendo mucho de él,
Para ayudar al plan que he establecido.

I Am Wholeness!
And I Love the body that I'm in.
I accept myself and others.
When I come from Love I win.

Yo Soy Completo!
Y me encanta el cuerpo en el que estoy,
Me acepto a mí mismo y a los demás,
Siempre gano todo con amor.

I Am Persistence!

I face my fears head on.
And as I stand to face them,
One by one they're gone.

Yo Soy Persistente!

Le hago frente a mis temores,
Y al darles la cara,
Uno a uno desaparecen.

I Am Brave!

**And I allow myself to feel,
Each feeling that I have,
It's part of being real.**

Yo Soy Valiente!
**Y me permito sentir,
Cada sentimiento que tengo
Es parte de ser verdadero.**

I Am Attractive!

And I make friends and be,
The Gift I am to everyone,
The Gift I am to me.

Yo Soy Atractivo!
Y hago amigos y soy,
El Regalo que soy para todos,
El Regalo que soy para mí.

I Am Generous!

So the more Good I give,
The more that I receive,
And the happier I live.

Yo Soy Generoso!
Así que entre más hago el bien,
Más recibo,
Y más feliz vivo.

I Am Freedom!
And on a breezy summer night,
I love to see the stars,
The moon, its shape, its light.

Yo Soy Libertad!
Y en la noche fresca del verano,
Me encanta ver las estrellas,
La luna, su forma, su luz.

I Am Abundance!

**And in Nature I am rich,
I count its many blessings,
There's one in every niche.**

Yo Soy Abundancia!

**Y en Naturaleza soy rico,
Y cuento sus muchas bendiciones,
Hay una en cada rincón.**

I Am Grateful!

And the way that I believe,
Is giving thanks for what I have,
And for what I will receive.

Yo Estoy Agradecido!

Y la manera en la que yo creo,
Es dar gracias por lo que tengo,
Y por lo que voy a recibir.

I Am Healthy!

Being balanced all around.
I eat good foods and exercise,
I am healthy by the pound.

Yo Soy Saludable!

Balanceado en todo aspecto,
Como bien y hago ejercicio,
Kilo a kilo tengo salud plena.

I Am Wisdom!

Thinking Good with every thought,
Being guided from within,
My direction is self-taught.

Yo Soy Sabiduría!

Con sólo buenos pensamientos,
Guiándome por lo que llevo dentro,
Mi directriz está en mí.

I Am Loving!

In each and every way.
In fact it's what I tell myself
At the start of each new day.

Yo Soy Cariñoso!

En cada uno y en toda forma,
Es lo que me digo a mí mismo,
Al comienzo de cada día.

A Note from the Author

The I AM! Affirmation Book: Discovering the Value of Who You Are was inspired by my children, Alexia and Tyler. I wrote it because I had a deep desire to do something for their generation and to help make the world a little brighter and better. Whatever age you are, the book is meant to be a gift for this incredible person called you. Wherever you are, how tall or short you think you may be, how much you weigh or what you look like; Your value exists within you and not in what the world may or may not tell you.

How do I know this? I know this because I lived it. I grew up with low self-esteem and suffered inside because I put my value in things outside myself. When I discovered that my value comes from within, my self-esteem greatly improved. It is my hope and intention that somehow and in some way **The I AM! Affirmation Book: Discovering the Value of Who You Are** makes an incredible difference in your life.

— Steve Viglione, Author and Founder of The I AM Foundation

Un Mensaje del Autor

El Libro de Afirmación YO SOY!: Descubriendo el Valor de Quien Tú Eres fue inspirado por mis hijos, Alexia y Tyler. Lo escribí porque tenía un deseo profundo de hacer algo para su generación y para ayudar a tener un mundo mejor. Independientemente de tu edad, el libro se editó para la increíble persona que se llama Tú. En cualquier lugar donde te encuentres, que tan alto o bajo crees que seas, que tanto pesas o como te ves; Tu valor existe dentro de ti y no en lo que el mundo te diga o no te diga.

Cómo es que sé esto? Yo sé esto porque lo he vivido. Yo crecí con bajo autoestima y sufría en mi interior porque mi valor lo puse en las cosas que estaban fuera de mí. Cuando descubrí que mi valor viene de mi interior, mi auto estima mejoró considerablemente. Es mi intención y esperanza que de alguna forma y de alguna manera **el Libro de Afirmación YO SOY!: Descubriendo el Valor de Quien Tú eres** haga una diferencia increíble en tu vida.

— Steve Viglione, Autor y Creador de la Fundación YO SOY

A Note from the Vice President of The I AM Foundation

The I AM! Affirmation Book: Discovering the Value of Who You Are is dedicated to the children of the world, who are our future hope for peace. When children discover their value, they bring value to their family, their nation and the world. The children are depending on us and we are depending on them.

- Marilyn Powers, Ph.D.

Un Mensaje de la Vice-Presidenta de la Fundación YO SOY

El Libro de Afirmación YO SOY!: Descubriendo el Valor de Quien Tú Eres se dedica a los niños de todo el mundo quienes son nuestra esperanza futura para la paz. Cuando los niños descubren su valor, traen ese valor a sus familias, su nación y al mundo. Los niños dependen de nosotros y nosotros dependemos de ellos.

- Dra. Marilyn Powers

Dr. Marilyn Powers and Steve Viglione of The I AM Foundation. Marilyn and Steve are happily married and live in California.

Dr. Marilyn Powers y Sr. Steve Viglione de la Fundación YO SOY. Marilyn y Steve son un matrimonio que vive en California.

"Gifting Books & Music Worldwide"

The I AM Foundation
Fundación YO SOY

"Our mission is inspiring millions of children and adults worldwide by gifting them with educational books and music."

"Nuestra misión es inspirar a millones de adultos y niños en todo el mundo, regalándoles libros y música educacional."

7825 Fay Avenue, Suite 200
La Jolla, CA 92037
Office: 858.454.7010

This book made possible by:
Este libro se hizo posible gracias a:

Jeff M. Goonewardena, Consul General for Sri Lanka to Colombia and Venezuela
Thilanka Hotels and Resorts
And all of our
Points of Light Campaign Donors

www.iamfoundation.org